PARA SER MILLONARIO
SIRVE A MILLONES

"TRANSFORMANDO VIDAS"

María Imelda Cardona

ISBN-13:978-1511458184

ISBN-10:1511458186

Editado y Revisado Por: *Viviana Pérez*

DEDICATORIA

Este libro está dedicado a todas las personas que sueñan, que vibran, que sienten en su corazón que tienen una vocación de servicio, si no tienes vocación de servicio... de una vez advierto es mejor que no lo leas porque para ser millonario debes tener el corazón y la vocación de servir y de transformar vidas, no se debe ir por los dólares estos no son los que te van a hacer millonario, lo que realmente te hace millonario es transformar la vida y el cumplimiento de metas de otras personas; hoy estaba haciendo un Coaching y le pregunté a esa persona: ¿Quieres ser millonario?, ¿Tienes sueños? Y me respondió Si tengo sueños, enseguida le pregunté: ¿Te gusta servir y transformar vidas?

Y la respuesta fue totalmente positiva entonces procedí a preguntarle: ¿Lo que vas a hacer es grande para Dios? Y me respondió: Si; con este ejemplo claro quiero dar la explicación para el tipo de personas que va dirigido mi libro, porque si vas a ser millonario debes estar enfocado y codificado para llevarlo a cabo, parto de la base que nacemos millonarios lo que sucede es que en el camino se va olvidando lo primordial servir y transformar vidas... la invitación es a que leas este libro y lo disfrutes.

CONTENIDO

AGRADECIMIENTOS

Agradezco a Dios primero que todo, porque es quien me concede salud, el tiempo, la creatividad, el espacio el don de escribir este libro; también agradezco de manera muy especial a mi selecto público, que es el que me ha llevado a obtener en mis 6 primeros libros Best Sellers, pues esto refleja que ha tenido aceptación mi forma de escribir, de expresarme de una manera vivencial y desde mi experiencia transformando vidas; agradezco a mi esposo por ese apoyo incondicional, porque una de las cosas más difíciles cuando se escribe un libro es que no pagan, es como cuando se siembra enseguida no hay cosecha todo tiene un proceso lógico, durante este proceso siempre hay personas que te apoyan y de las que recibes amor

incondicional a mi esposo *Leonardo Ríos* ; a mi

hijo *Santiago Restrepo,* quien es mi inspiración y por quien entendí que era importante difundir esta información, después de haber escrito 6 libros, de quien me siento muy orgullosa de mi hijo que hoy pertenece al Cuerpo de Marine de los Estados Unidos, siendo el resultado de la aplicación a lo largo de su vida las 5 claves plasmadas en mis primeros libros; hay personas que me preguntan en forma reiterativa ¿Por qué si hablas tanto de libertad financiera, de millones de dólares... ¿Por qué tu hijo está en los Marines y por qué lo están entrenando para la guerra? Y mi respuesta es:

Cada persona viene a este mundo a cumplir un propósito aparte de que a mi hijo le gusta y le respeto sus decisiones, de igual manera observo que hay muchos niños de la edad de mi hijo que están endeudados y quiero ayudarles; en este orden de ideas Santiago me inspira a llevar estos libros y por medio de mis Coahing ayudar a muchas personas a transformar sus vidas.

Realmente tengo un innumerable grupo de

personas a quienes agradecerles; a mi editora Viviana Pérez Flórez, quien es incondicional, con quien trabajo y me ayuda a hacer toda la estructura y a plasmar mis ideas e información dándole la forma de lectura como tal cumpliendo los pasos reglamentarios que conllevan a realizar un excelente material para que sea agradable al lector y tenga una fácil interiorización, de igual manera me ayuda a que mis libros salgan en el tiempo que tenemos proyectado, estoy escribiendo prácticamente de uno a dos libros por mes pero sin Viviana sería imposible llevar a cabo éste proceso; por lo anterior hago énfasis en la importancia de un Coach, una persona que te esté apoyando constantemente en el punto que tienes debilidades; de la misma manera quiero agradecer a una persona muy especial dado que este libro "Para ser millonario sirve a millones" quien también es mi Coach, el Señor Luis Fallas, es un empresario que se encargas de transformar vidas, de descubrir el talento de las otras personas y llevarlas a llevar su vida a otro nivel, en este orden de ideas Luis es la persona

INTRODUCCIÓN

Para ser millonario sirve a millones, este es el tema de mi libro número 7, pero antes de entrar en materia quiero hacer un corta recapitulación acerca de lo que se debe hacer previamente de mis 6 libros anteriores; el primer libro de la serie "Invierte en ti, tú eres el mejor activo" la Clave 1 que habla acerca de lo que es el pensamiento, Cuál es tu nivel de creencias acerca del dinero, me gustaría que lo leyeras porque es un paso necesario para poder proyectar y salir de las falsas creencias , que piensas acerca del dinero, el por qué es importante tener claras las creencias acerca del dinero un ejemplo muy claro es responder la siguiente pregunta: ¿Qué piensas del dinero?

Si piensas que el dinero es difícil conseguirlo, que no cae de los árboles que hay que trabajar mucho para conseguirlo…Estas creencias limitantes no te van a permitir encontrar y continuar con el proceso de ser millonario, porque para ser millonario debes tener claridad en los pensamientos acerca de lo que es el dinero, es de suma importancia tomar conciencia de cuál es el patrón del dinero de igual manera tener en cuenta en la familia que valor le daban al dinero, muchas veces decimos quiero ser millonario, pero por ejemplo en mi familia decía mi mamá: "Las personas que tienen dinero son muy creídas, humillan a la gente", "El que es rico es muy avaro", "Los ricos no van al cielo"; todas esas expresiones que escuchabas de tu familia, que valor le daban al dinero, a veces se escucha la expresión es que el dinero es sucio, o es mejor pobre y tomando agua de panela que no rico y con tantos problemas;

entonces todas expresiones y pensamientos acerca del dinero y que escuchabas de tu mamá, de tu papá, de tus hermanos, en fin de tu familia de una manera inconsciente quedan grabados, por eso ahora que eres adulto y quieres ser millonario no te queda fácil porque tienes esas taras mentales, creencias limitantes o esos paradigmas donde en el momento de querer ser millonarios no se acepta porque se trae consigo una falsa creencia, en este punto lo que se debe hacer es una lista de las creencias, tomar las riendas y saber que se tiene el poder e identificar claramente cuáles son las creencias que te limitan, para que finalmente no hayan excusas y que hagas lo que debes hacer hasta que suceda. Esto es a groso modo lo que se encuentra en el libro 1, es el que ayuda a realizar una limpieza total, es como cuando se va a cultivar... lo primero que se debe hacer es limpiar el terreno porque está sucio, tiene maleza de igual manera sucede cuando uno está codificado con información negativa; por ello te invito a que te limpies de las falsas creencias leyendo mi libro **"Invierte en ti, tu eres el mejor activo"** Clave 1 **"El Pensamiento"**. Luego viene la Clave 2 **"El Sentimiento"**, para ser coherentes continúo con el ejemplo del terreno, en este momento se debe sentir que ese terreno es bueno, tiene abundancia, que es fértil y que está bueno para sembrar; pero para poderlo hacer se debe tener el sentimiento de que la riqueza está realmente en el terreno, es lo mismo sucede con la riqueza que hay dentro de cada persona, que se tiene algo para transmitirle a las personas y para poder transformar esas vidas de las personas que se quieren ayudar, pero primero se debe sentir que la abundancia nos pertenece que se reclama la abundancia de Dios, porque Dios nos hizo millonarios, nos hizo ricos y nos dio toda la abundancia, lo que sucede es que tenemos el sentimiento del no merecimiento; por lo anterior recomiendo leer mi libro 2 donde se encuentra la respuesta a la pregunta: ¿Por qué realmente no crees que te mereces el dinero? Es lo mismo que el terreno cuando se dice no es fértil, no produce; lo mismo sucede contigo pues si piensas que no produces, es primordial en esta clave 2 no juzgarse evaluar cuáles son esas acciones que estás tomando y cuál es la percepción que tienes de ti mismo; ¿realmente crees en ti?, me gustaría que leyeras la parte en donde hablo acerca de la misión, descubre cuál es tu misión en esta vida; mi misión es ser feliz y vivir en abundancia, cual es propósito que tienes en esta vida porque naciste para ser un instrumento de Dios para compartir ese talento, para aprovechar esas fortalezas y habilidades que Dios te ha dado, de igual manera saber que tan efectivo eres; te invito a leer mi libro 2 porque retomando el ejemplo del terreno después de limpiarlo, quitarle toda la maleza abonar el terreno y hacer que ese abono, esas fortalezas, esos talentos y esa misión realmente pueda generar esa riqueza que nosotros traemos dentro de nosotros y que debemos difundir, pero primero invierte en ti, tú eres el mejor activo porque si no inviertes en ti y no sabes en realidad esas fortalezas, esa misión y esa visión que tienes y si no sabes cuáles son esas fortalezas y esa misión, es muy difícil ayudar y servir a otros como dice el título del libro "Para Ser Millonario, Sirve a Millones", pero debes tener en cuenta que para servir debes saber que tienes en ti para poder aportar a otra persona que también necesita transformar su vida. En mi libro Clave 3 **"Hábitos"**, en este libro se habla de tener conciencia que el dinero llega a nuestras manos y al llegar a nuestras manos, tenemos el poder de sacar el dinero de mi bolsillo y estar consciente de cuanto gano sino cuanto gasto, en que me lo gasto y tener claridad en esos hábitos diarios de consumo, entonces como cuando vas a plantar una semilla, escoges que tipo de semilla vas a plantar, en que vas a invertir, como vas a hacer para que esas semillas, que la tierra donde la vayas a plantar sea buena y fértil, donde realmente vaya a crecer; entonces es fundamental saber esos Hábitos diarios porque si siembras esa semilla y no la estas cuidando, regando, abonando si no tienes esos hábitos diarios de regarla, podarla, cortarle la maleza que va creciendo, estar pendiente de echarle agua o si cae mucha agua, para continuar abonando el terreno y fortalecerlo para que crezca de la mejor manera y poder recoger frutos más adelante; por ello te recomiendo leer mi libro 3. En el libro de la Clave 4 **"Acción"**, establecer un presupuesto mensual, si lo que quieres es ser millonario y servir a millones debes saber exactamente cuánto te ganas, cuánto te gastas, en que te lo gastas y utilizar un documento estratégico que es una guía práctica para saber exactamente que es un presupuesto y llevar un control sobre el dinero, porque en el momento menos pensado vas a ver como se esfuma tu dinero como agua entre los dedos, en el libro 4 es una base para establecer esa estrategia financiera, de igual manera doy unos conceptos básicos como el estado de ganancias y pérdidas, un presupuesto y saber exactamente donde te encuentras para lograr obtener ese control financiero y pasar a ser el millonario que tanto anhelas, por eso te recomiendo leerlo.

En el libro de la Clave 5 **"Resultados"**, descubrir y seguir tu pasión con una nueva conciencia de prosperidad, ahí hablo mucho lo que es la pasión en otras palabras Debes amar lo que haces, enfocarte a hacer las cosas con amor, porque cuando haces las cosas con amor es cuando realmente florecen; recuerdo en este momento que mi mamá me decía: "si quieres que una planta este bonitas... háblales, riégalas, cuídalas, sácalas al sol; si son plantas que están dentro de la casa, pódalas, quiérelas, ámalas para que crezcan"; entonces presento unas fases como que estas dispuesto a hacer con todo tu corazón, amor y pasión, pues es fundamental si eres una persona que vas a servir a los demás debes amar realmente lo que haces y que tiene el control de su vida, también en

Conocer tus habilidades y cuando vayas a servir estar enfocado en tener claro en cuáles son los talentos y grandezas que se poseen, para lograr el resultado de ser una persona que pueda a los demás; cuando lees el libro 5 y lo aplicas te vas a dar cuenta que ya invertiste en ti porque tú eres el mejor activo porque si no te conoces, si no te reconoces, como vas a lograr ayudar a los demás, es muy complicado ayudar a otras personas cuando no sabes cuánto ganas, cuando no sabes donde estas parado, cuando no tienes ahorros, cuando no tienes una base; entonces estos 5 libros son la base, los cimientos que cualquier persona que quiera ser inversionista, que quiera ser millonario, es fundamental leerlos, interiorizarlos y aplicarlos; esto es una invitación muy cordial a que seas el millonario que viniste a ser en este mundo pero que por toda la información negativa que has recibido a lo largo de la vida se te ha olvidado serlo.

Retomo mis 5 libros dado que son la base fundamental de mis Coaching Financieros, para ser saludables, felices y libres ,para establecer y lograr metas, cualquiera de los que realizo están implícitos, los menciono de nuevo para que tengas mayor claridad y sepas a donde te quiero llevar amigo lector; Clave 1 como pienso, clave 2 cómo siento, Clave 3 cuáles son esos hábitos, Clave 4 Cuales son esas acciones para obtener finalmente en la Clave 5

Resultados; cuando ya inviertes en ti, que eres el mejor activo estás listo para pasar a establecer las metas, también te sugiero leer "Cómo establecer metas financieramente y hacer tus sueños realidad", acá implementas paso a paso mi sistema estratégico de manera efectiva para que logres resultados, en este libro también están descritos y explicados cuales son los 7 errores que siempre se comenten al establecer las metas y las razones por las que no fijas metas financieras, por el miedo al fracaso, por el miedo a la crítica, porque no sabes cómo hacerlo, porque no ves la importancia; como una persona que quiere ser millonaria y que le quiere servir a millones de personas, va lograr resultado si no tiene ni siquiera tiene claro como fijar sus metas, es imposible querer ser millonario y servir a millones si no hay claridad de unos pasos y de un sistema, peor aún que no sepas realizarlo, que te de miedo a que te critiquen; por lo tanto en el libro doy 5 consejos para fijar metas financieras, de igual manera hay 10 pasos para crear metas financieras; paso a paso explico mi sistema estratégico de cómo establecer esas metas financieras, luego de leer el libro y que ya tienes tus metas escritas en una hoja totalmente desmenuzadas siguiendo los pasos que brindo, es en ese momento que pasamos a este libro que es mi libro # 7 "**Para ser Millonario Sirve a Millones**"

CAPITULO I

❖ Misión: Transformar Vidas.

Lo fundamental al iniciar este libro es de tener claro cuál es la misión, esta es la transformación de vidas, si quieres ser millonario y servir a millones, lo importante es no ver a las personas realmente por lo que son sino por lo que ellas pueden llegar a ser; dado a que ya tienes una estructura mental completa donde tus pensamientos, sentimientos, hábitos, acciones y resultados han surtido efecto porque ya eres una persona que ama el dinero, cuida sus finanzas, que no se gasta lo que no tiene, tienes dinero al final del mes, eres una persona que tiene capacidad para invertir o sea una persona que obtiene resultados y como eres una persona que generas resultados aprendes a ver a las personas como ese ser al que le puedes ayudar a transformar su vida, no escoges a quien le vas a servir, a cualquier persona que este a tu alrededor independientemente de sexo, raza, en mi caso que hable español, esa sería el único condicionamiento; que esté en el entorno y sabiendo que tienes una capacidad y tener clara la misión que es transformar vidas.

> ### *Ser de Luz*

Debes tener la visión para realmente poder ayudar a desarrollar el talento que la otra persona tiene y llevarlo a su máximo potencial, por lo tanto estas aquí para ser un ser de luz, debes tener la percepción que eres un ser de luz… en este momento me gustaría que hiciéramos un ejercicio, que cierres los ojos y te imagines el fondo del abismo, cuando realizo este ejercicio veo una cueva oscura con un fondo muy grande, todo es negro no se ve nada, a la entrada hay unas puertas de madera, esta todo cerrado, abajo hay mucha gente que no tiene los 5 pasos por lo tanto tienen falsas creencias, piensan que el mundo es muy difícil, creen que se debe trabajar mucho, que el dinero no es para ellos, se gastan el dinero, no tiene un presupuesto, no tienen claridad de sus ahorros, es más no tiene ingresos; de pronto los pueden tener pero se gastan más de lo que ganan, no ahorran, no invierten, están en la oscuridad financiera, ¡Están en ese fondo del abismo! para poder ser y ayudar a estas personas que no son lo que ellas realmente podrían llegar a ser;

hay mucha gente allí abajo con talentos y con habilidades con tantas cualidades, pero están perdidos porque no tienen la información y los puedes ayudar llevando una luz, abriendo esa puerta grande de madera donde no se reconoce que es verdaderamente si es una cueva, si es el fondo del abismo, entonces el compromiso es contigo mismo porque vas a llevar a cada persona luz y se va a formar un resplandor impresionante, haciendo de esta manera que ellos se vean y sean ellos mismos, quienes quieren conocer los 5 pasos, los apliquen y que se les enseñe también a establecer esas metas, en este momento es donde hay una iluminación total, formando un sendero llevándolos así a una transformación.

➤ *Colocar el corazón*

Todo esto se realiza desde el corazón, debe hacerse con todo el amor, con cariño esto lo digo porque es complicado que brindes lo que no tienes por dentro; porque debes tener un interés genuino, un deseo inmenso de ver en las otras personas una transformación aportando un granito de arena para lograrlo y ver en esa persona una transformación, teniendo la disposición total, con un corazón lleno de amor, cariño y entrega para iluminar la vida de esa persona y a crear un sendero, es cuando realmente se logra el objetivo trazado. "En la vida no se es lo que se quiere, si no lo que se es" es la esencia, se parte de la realidad que uno no puede dar de lo que no tiene, por lo tanto insisto que si no hay amor genuino en el corazón entonces ¿Qué es lo que se va a entregar?, en este momento recuerdo una frase de la biblia

que dice "Lo que le hace daño al hombre no es lo que se come... lo que hace daño en realidad es lo que de tu sale corazón" si tu corazón es limpio, si tienes un corazón lleno de amor, afecto y cariño; si ves en los demás lo que no ven en ellos mismos, es aquí donde está el éxito garantizado; por todo lo anterior es importante conocer y aplicar los 5 pasos y las metas para que como líder puedas brindar a los demás con razones y conocimiento de causa la transformación esperada.

➢ *Objetivos*

Se debe crear una visión, (ir más allá y tener una proyección clara), siendo más grande que el tiempo en sí; generalmente se presenta un error y es que uno dice:

le voy a servir y a dedicar tiempo a esta persona, pero solo se le dedica 10 minutos, y no se cae en cuenta que esta persona de pronto no necesita 10 minutos si no que necesita una hora o más, es en este momento donde debes tener presente que la transformación lleva su tiempo por ende es necesario tener unos objetivos claros; la misión es la de transformar vidas, el objetivo primordial es ser un Ser de luz, teniendo un corazón, preguntar qué se puede hacer por cada persona, saber cómo se ayuda a esa persona y lo más importante tener la disposición para cumplir con esa vocación de servicio.

➢ Objeciones y Rechazo.

Observando en esa persona lo que ella no ve; detectar cuál es el problema que tiene esa persona, para brindar una solución,

Luego van a venir los problemas, por supuesto que van llegar… me gusta mucho una parábola que hay en la biblia Parábola del sembrador (Mr. 4.13-20; Lc. 8.11-15)

[18] Oíd, pues, vosotros la parábola del sembrador:

[19] Cuando alguno oye la palabra del reino y no la entiende, viene el malo, y arrebata lo que fue sembrado en su corazón. Este es el que fue sembrado junto al camino.

[20] Y el que fue sembrado en pedregales, éste es el que oye la palabra, y al momento la recibe con gozo;

[21] pero no tiene raíz en sí, sino que es de corta duración, pues al venir la aflicción o la persecución por causa de la palabra, luego tropieza.

[22] El que fue sembrado entre espinos, éste es el que oye la palabra, pero el afán de este siglo y el engaño de las riquezas ahogan la palabra, y se hace infructuosa.

[23] Mas el que fue sembrado en buena tierra, éste es el que oye y entiende la palabra, y da fruto; y produce a ciento, a sesenta, y a treinta por uno.

Ahora voy a dar mi interpretación ajustándolo a la razón de querer se millonario y quiero servir a millones, vas con la misión de servir, deseas ser millonario, lo decretas y te lo crees, habiendo pasado con anterioridad por todo el respectivo proceso, soy un ser de luz, lo voy a hacer de corazón, tengo objetivos claros de que voy a hacer con las personas... cuando ya la persona a la que le vas a ayudar esta lista, es donde aparecen las objeciones como en la parábola del sembrador.

> *Misión de Servir.*

> *Ley de los Promedios.*

En este momento hay un compromiso la misión es transformar 1'000.000 de personas, relacionándolo con la cosecha el ejemplo sería tener un millón de semillas pero no todo este número no todas van a dar frutos, porque la primera parte de la cosecha, la que cae en el camino se la llevan los pájaros por lo tanto cuando se sale con tanto empeño, con tanto entusiasmo, piensas voy a ayudarle a todo el mundo.... Claro que quieres plantar una buena semilla pero resulta que cuando estas emitiendo ese mensaje así como vas a encontrar personas ni te van a escuchar y te van a rechazar por esto digo que la primera

cosecha se la llevan los pájaros o interpretándolo desde la parábola, vas a llevar un mensaje con tus talentos, con tus fortalezas, con un producto o con un servicio, pero cuando vas a emitir el mensaje los demás no te entienden y viene una persona negativa que realmente no te entiende y te dice que no eres lo que yo esperaba… es más personalmente me ha ocurrido, precisamente ahora que estoy en el proceso de escribir este libro, tomo acción a diario para conseguir los resultados que me he propuesto, que es servir a millones y me encuentro con que saludo a las personas buscando un acercamiento y ya están prevenidas pensando o bueno en algunas ocasiones me dicen: ¿Qué me vas a vender?, ¿Qué es lo que quieres? y muy sutilmente les respondo: Nada, simplemente dentro de mis metas diarias, dentro de mis nuevos objetivos está saludar con afecto a 10 personas, desearles un felíz día, brindarles una frase que me llama la atención en el libro que esté leyendo en mi hora de lectura diaria por ejemplo: " *Vacía tu bolsillo en la mente, que la mente llenará tu bolsillo*" o " *Las utilidades son mejores que los sueldos*" en fin cualquiera que sea la frase; muchas personas me responden: Muchas gracias, muy amable que tenga un felíz día; otra persona me dice: Que me va a vender... y ahí es donde le digo mi intención no es vender nada, solamente dentro de mis hábitos diarios, dentro de mi programa de actividades y dentro de mis metas lo tengo estipulado; recuerda que para que las metas se cumplan se debe crear un programa de acciones diario. El éxito es la aplicación diaria de la disciplina, por lo tanto tengo la meta y ya lo convertí en disciplina de

vida sea por la calle, por internet, en el

gimnasio, en cualquier lugar; mi mente está programada para abordar personas nuevas cada día para aportar o brindar así sea solo una frase y es en este momento donde se da cumplimiento a la parábola del sembrador porque hay personas que escuchan el saludo, escuchan la frase pero no la interpretan o no la entienden entonces afloran los malos pensamientos y dicen no me interesa y ahí es cuando yo digo: *"Cuando el alumno está listo aparece el maestro"* sencillamente la persona no esta lista y le sale del corazón esa frase x lo tanto no la entiende; pero esto no es para desanimarse continúo como si nada con el resto de las personas programadas, al finalizar el abordaje de las personas uno lo va a recibir con afecto y con cariño lo que lo lleva a responder de la misma manera me dan las gracias por brindarle esa frase, y lo recibe con gozo pero puede ser de corta duración ahí sucede que esa frase no quedo sembrada solo gustó; haciendo un recuento hasta el momento si analizas el efecto que ha causado en las personas:

1. Me rechazó

2. Le agradó y agradeció

3. Le agradó y agradeció

4. Me rechazo

5. Le agradó y agradeció pero por sus múltiples ocupaciones no la interiorizó.

6. Le agradó y agradeció.

7. Le agradó y agradeció

8. Le agradó y agradeció

9. Me rechazo.

10. Le agradó y agradeció quiere saber más acerca de la frase y se genera una conversación, se establece un diálogo, una relación; por lo tanto hay un acercamiento, se establece un interés por la persona, luego se le hace una invitación a un evento, o la invitación a que lea uno de mis libros o simplemente compartirle algo de valor y al realizar el seguimiento me dice que no que se le complica por su tiempo o cualquier excusa.

Este tipo de persona es el que fue creado entre espinos; este es el que oye la palabra pero el afán de este siglo y el engaño de la riqueza ahoga la palabra y se hace infructuosa, aquí quiero dar un ejemplo de una persona de las tantas con las que he trabajado en Coaching ayudando en la parte financiera a realizar un plan de acción y a obtener metas financieras; pues quiere ganar $10.000 dólares en tres años y no realizando mucha actividad, si no como que mejor el dinero le caiga del cielo, donde no haya mucho sacrificio y la misma persona me dice: Quiero ganarme un millón de dólares pero es que yo soy indisciplinado y la verdad es muy complicado ayudarle, porque lo que tiene es afán un afán de ser millonario; le digo muy bien te quieres ganar un millón de dólares a un año, que edad tienes y me responde 34 entonces le propongo: ¿Qué tal si para los próximos 30 años hacemos un plan? ¿Te interesa? Y responde: no es que me interesa es hacerme rico en poco tiempo, por lo tanto no me desgasto porque este tipo de personas no son de las que se dejan enseñar... lo que te quiero mostrar acá es que a este de personas tampoco se les debe ayudar, quieren los resultados inmediatos, tienen el engaño de la riqueza y para que una semilla se plante, brote y crezca se lleva un tiempo, todo en la vida tiene un tiempo y los tiempos de Dios son perfectos; sino estas dispuesto a tener paciencia, cariño y espera entonces es realmente ayudar a las personas es necesario tener la disposición para poder escuchar este mensaje y solo se consigue trabajando con paciencia, con entusiasmo, con fe y paso a paso, las cosas nunca se dan de la noche a la mañana; en este momento podemos hacer un balance y de 10 personas, 5 te pueden rechazar estas son las que se lo llevan los pájaros, quedan otras 4 que son las que te escuchan, reciben tus mensajes con gozo, están interesados pero se les presentan dificultades y al final queda 1 solo, por lo tanto de las 10 personas abordadas se trabaja con 1 sola, pero este 1 es tierra buena, en la que se puede sembrar, en donde va a crecer la semilla, esta persona no tiene el afán ni el engaño de la riqueza; a esta persona le pregunto: ¿Realmente te interesa ganar un millón de pesos y ser millonario? Mi propuesta es comenzar a ahorrar $ 100 dólares mensuales, durante los doce meses del año, al final tendrás $1.200 dólares y esto se ahorra en un fondo muto con un interés del 10% anual esos $1.200 se te van a multiplicar por la regla del 72 entonces tendrías 7 años esto quiere decir que los primeros $ 1.200 dólares ya te está generando ingresos sin trabajar, sin hacer nada, solamente haciendo que el dinero trabaje para ti, se van a duplicar y vas a tener $ 2.400 dólares; pero en esos 7 años en el segundo año sugiero que ahorres $200 dólares mensuales; aquí serían $200 dólares por 12 meses del año y tendrías aquí $ 2.400 dólares y realizando nuevamente el proceso esos $ 2.400 los vas a colocar a un interés del 10% y se te duplican y vas a tener $2.400 mas $1.200 ya son $3.600 y esos $3.600 al multiplicarlos por los 7.2 años, quiere decir que a 14 años vas a tener $7.200; esta misma fórmula aplicada durante los próximos 14 años…. Quiere decir que vas a ahorrar en él desde el tercer año hasta el sétimo $3.400 dólares, donde al final del séptimo año vas a tener $2.400 por 5 te va a dar $12.000 dólares pero cada uno se va a duplicar entonces al final de esos 7 años lo que vas a tener son: $12.000 mas $7.200= $19.200 dólares multiplicándolo por 2 te darán $38.400 y se siguen multiplicando por 2 con el ejemplo que te brindo quiero decir que una persona de 34 años cuando cumpla 69 años va a tener ahorrados

$1'000.000 de dólares y al 10% eso da $100.000 dólares en 12 meses dará una rentabilidad de $8.333 dólares que vendría siendo una pensión; esta es una manera lenta, si es cierto, pero es una forma en que se puede lograr, por lo tanto la invitación es a tomar acción hoy.

➢ *Para obtener éxito y servir a millones es necesario tener disciplina.*

➢ *Hay una frase que me gusta mucho de Jim Rohn "El éxito es simplemente la aplicación de la disciplina diaria", este punto lo toco especialmente porque he notado que muchas personas no logran éxito porque comienzan con mucho ánimo o tienen el deseo pero luego abandonan; voy a dar el ejemplo de escribir un libro que es un ejemplo personal y demostrar como por medio de la disciplina he logrado escribir 6 libros; el año pasado escribí 5 libros y este año la meta es escribir 1 libro cada 180 días; para lograr escribir 1 libro , promocionarlos cada 6 meses y adicional a esto hacer eventos virtuales, conferencias presenciales se debe tener disciplina.*

➢ *La aplicación diaria de la disciplina hará que pueda obtener los resultados proyectados, para tener disciplina se debe tener un objetivo, una meta clara y definida con una fecha; esto*

de cómo lograr metas está en mi libro *"Cómo lograr tus metas financieras efectivamente y hacer tus sueños realidad"*, resumiendo para tener una aplicación diaria de disciplina; primero se debe tener una meta, por lo tanto se deben escribir las metas ejemplo: Mi meta es escribir 1 libro en 6 meses, entonces, es una meta clara, definida que tiene su tiempo porque estoy diciendo que en 180 días, en 6 meses voy a escribir un libro; después de tener la meta establecida y lograr el objetivo es tener la disciplina como un acto consiente necesario para pasar a la acción.

> ➤ *La disciplina es un acto consciente necesario para pasar a la acción.*

La disciplina es un acto consiente, estar despierto, es darse cuenta de cada semana, día, hora, minuto, cada segundo y que se ha hecho en este lapso de tiempo, es tomar

Conciencia de las acciones que se han tomado para cumplir los objetivos y alcanzar la meta.

➢ No es posible una disciplina sin objetivos pero tampoco un objetivo sin disciplina.

No es posible una disciplina sin un objetivo específico, pero de igual manera tampoco es posible lograr esa meta sin tener disciplina, colocando otro ejemplo: Mi meta es contactar a 90 personas en 90 días a partir de hoy, a través de mi servicio, esto quiere decir que tendría que ver a diario mínimo una persona para transformar su vida, dado que en 90 días verías a 90 personas; si te das cuenta se debe colocar una fecha para comenzar y de esta manera tomar acción; las personas que tienen éxito en la vida lo consiguen a base de la perseverancia y la disciplina, el mundo realmente le pertenece a este tipo de personas, porque para poder lograr transformarle la vida a 30 personas, escribir 2 libros por año, y 4 conferencias Internacionales que vendrían siendo mis 3

Metas más importantes en este momento. Llevado todo lo planteado anteriormente para plasmar las metas, lo haría de la siguiente manera: Fecha de inicio: 21 de Mayo de 2015, hora: 1:17 pm; desde hoy y durante los próximos 180 días trabajaré por Conseguir mis metas, la primera: Escribir este libro para que esté realizando con su respectiva publicación en kindle e impreso una Conferencia Internacional Online en día, sábado 21 de noviembre.

La segunda meta: Transformarle la vida a 30 personas en los próximos 366 días;

Para lograr esta meta es necesario tener la aplicación diaria de la disciplina para poder lograr resultados como: 2 Libros, 4 Eventos y 30 personas en el grupo de mentes maestras en un año.

Por lo tanto debo crear nuevos hábitos en mi vida para poder lograrlo, este esfuerzo no es otra cosa que tener autodisciplina, debo tener la disciplina de auto-gestionar, de programarme, manejar mi pensamiento, si hacemos memoria en mis cinco claves lo primero que debo manejar es el pensamiento, luego debo sentir de corazón que el mundo me necesita, que en realidad puedo cambiarle la vida a estas 30 personas, por medio de mis 5 libros, brindarles técnica sabiduría y conocimiento que he adquirido pero para ello debo establecer unos hábitos, acciones y por último tener la aplicación de la clave 5 que

Es obtener resultados. Resumiendo: El esfuerzo no es otra cosa que autodisciplina, teniendo la capacidad para auto-gestionar; por medio de mis 5 claves de la serie "Invierte en ti, tú eres el mejor activo", donde se van a manejar los pensamientos, los sentimientos, las acciones, los hábitos y de esta manera obtener los resultados independientemente del estado de ánimo en el que uno se pueda encontrar; por ejemplo: A veces se puede pensar… no me quiero levantar estoy cansada(o) y se programa la mente y un día se puede decir ok me voy a dar un permiso, y no te levantas a la hora habitual, así descansas y permites que tu cuerpo también descanse, al permitir que el cuerpo descanse y este relajado, ya se sabe que lo primero que se hace al levantarse es programarse para efectuar el hábito, recuerda que una mente entrenada siempre será disciplinada, para conseguir esos resultados asombrosos y constantes sin ser algo esporádico y para lograr que realmente alcance mi meta de escribir este libro que estoy escribiendo hoy, y como lograr que hoy contacte una persona; una de las acciones para lograr mis dos metas programadas durante un mes, es escribir una página de un libro por día y contactar una persona por día, para que al finalizar el mes tener 30 páginas de mi libro y 30 personas contactadas estos son los objetivos del mes y al colocarlo en cantidades pequeñas, lo que hace el subconsciente es programarse y decir es que es fácil hacer, lo quiero hacer, me gusta hacerlo y me divierte por la sencilla razón que es simple dado que para lograr los 90 son en 90 días, hoy solo debo pensar en contactar, transformarle la vida y servirle a una sola persona y escribir 2 páginas de mi libro, es más si me hago PNL (Programación Neurolingüística) me programo de la siguiente manera: realizo primero el contacto para transformarle la vida a esa persona y después me dedico a escribir las dos páginas de mi libro para ello aplico unos tips que tengo; ejemplo: En mi oficina al lado de mi computador mantengo una agenda donde escribo las frases que mas me llaman la atención de mi hora de lectura diaria una de ellas es "Servir a muchos lleva a la grandeza, grandeza es ayudar a pagar las cuentas de otro" cada día alimento mi intelecto y enriquezco mi bitácora con frases llevando un orden coherente respondiendo a la pregunta ¿Qué puedo hacer por ti? Cuando me levanto me hago esa pregunta y surgen más cuestionamientos como: ¿Qué puedo hacer por la persona que está leyendo este libro? ¿Qué le puedo aportar para transformar su vida? ¿Qué puedo hacer por las personas que necesitan luz, ayuda, que necesitan saber el cómo hacer las cosas? Y es de esta manera lo escribo y cuando voy a hacer mi plan de acción diario ya llevo todo claro para desarrollar el propósito para conseguir resultados extraordinarios y constantes no sean esporádicos, hoy logro mi resultado contacto una persona y escribo dos páginas del libro, estas son mis dos metas pero para lograr esto debo saber administrar mi tiempo que es muy valioso pues en los tiempos que son improductivos (conduciendo, durmiendo, haciendo pereza o realizando los quehaceres cotidianos, lo mejor que puedes hacer es leer, por ello la invitación una vez mas a tomar acción frente a la lectura y el escribir estos libros para mí es un placer porque una de las formas de brindar mi conocimiento a miles de lectores, con la lectura se obtiene ese autoconocimiento para poder tener la sabiduría y obtener la información necesaria para plasmarla en el papel, por lo tanto recomiendo valorar el tiempo; de igual manera se deben establecer horarios por ejemplo en el día de hoy 27 de abril es la 1:28 pm, estoy escribiendo este libro desde las 11 am y tengo programado hacerlo hasta las 2:00 pm porque después de esta hora tengo otro tipo de actividades programadas, a esto se le llama planear.

➤ *Consejos para ser disciplinado:*

1.   **Observa tu Pensamiento,** establecer la meta, colocarle fecha y fragmentarlo y llevarlo a lo más sencillo que es llevarlo a un día. Dividir de ese día las horas en las que tienes programadas realizar esa actividad. Luego de esto viene la programación acerca de las 24 horas del día, dividir por horas y segmentos, es simplemente realizar un plan de actividades con detalles.

2.   **Establecer una rutina de trabajo,** dejarlo organizado desde la noche anterior para tener claro que actividades se van a realizar durante el día y no estar improvisando.

3.   **Ser constante** en todas las actividades a realizar sin ningún tipo de excusas; realmente cuando se establecen las metas principales y se toma una decisión y sabe que es lo que puede transformarle la vida a una persona y es grande para Dios ya la

decisión está tomada ejemplo: si se toma un vaso y le cae constantemente una gota de agua se va a llenar, sin interesar si la gota es grande o pequeñas lo importante es mantenerla, eso mismo sucede con las actividades para lograr las metas; con el ejemplo personal que describí anteriormente sería a diario escribir 2 páginas y transformarle la vida a una persona y al cabo de 30 días ya le he transformado la vida a 30 personas y he escrito dos libros.

Y no es quedarse en que se acabo el año y no hiciste nada porque acabo de brindar información valiosa al dejar estos tips al alcance de tu mano.

4. **El nivel de energía**, que se maneja se refleja, es importante ser saludable y felíz; porque una persona que no es saludable, que no tiene un nivel alto de energía lógicamente no va a tener la capacidad ni las ganas de ocuparse; así que la invitación es a cuidar el cuerpo y la mente dándole

energía, eso se logra con la alimentación,

con el ejercicio, uno debe mantenerse sano completamente porque un con cuerpo enfermo no se podrá generar todas las actividades que se plantean para lograr los objetivos y conseguir finalmente las metas propuestas; por lo anterior dentro del sistema de educación continua que tengo esta el ser saludable y ser feliz porque el cuerpo es la base de una Pirámide, luego viene la parte energética que es el entusiasmo, las ganas, la gasolina, la fuerza que se tiene para realizar las cosas, sigue la parte de la emoción, la emoción de ayudarle a una persona con todas las emociones de alegría, de gozo son fundamentales para poder llegarle a una persona y que fluya una energía emocional para compartir los conocimientos para finalmente llegar a la cúspide de la pirámide que es llegar al espíritu de esas personas y poder transformar vidas; nosotros realmente somos uno conformados como unidad; personalmente me ha costado mucho porque me dicen María Imelda es que tu eres financiera, eres escritora y que haces hablando de salud, que haces hablando de bajar de peso; realmente no es lo mismo una persona que está en su peso ideal a una persona que está en sobrepeso, la persona que está en sobrepeso se le dificulta generar actividades porque su cuerpo está cansado por lo tanto aquí es donde radica la importancia de cuidar el cuerpo y cuidar la mente.

5. **Ver la Disciplina como un Juego**: las personas que tienen autodisciplina y que la manejan como parte de su ser, tiene confianza que le van a suceder cosas buenas, es tener claro cuál es el modo de vida, cual es la dieta, si se hace ejercicio, si se es sedentario; estos aspectos los traigo a colación porque el dolor y la dificultad no dejan avanzar, una persona con un cuerpo no saludable o una persona triste o con depresión muy difícilmente va tener

autodisciplina, por lo tanto se deben entrenar y enfrentar este tipo de situaciones, " No huyas si te caes, levántate y utiliza la caída para hacerte más fuerte tanto física como psicológicamente". Por lo anterior la disciplina se debe ver como un juego como un placer, como algo divertido, si la disciplina se percibe como esa responsabilidad, genera dolor y el inconsciente lo rechaza porque el inconsciente esta para protegernos del dolor y todo lo que pensemos que es doloroso, difícil y que no se puede hacer el inconsciente inmediatamente lo rechaza para protegernos, lo contrario sucede cuando se percibe la disciplina como algo agradable y rico desempeñar ese tipo de actividades muy independientemente de cuáles sean es cuando hay diversión llega la creatividad, el entusiasmo, las ideas fluyen muchas cosas y si todos los días se piensa ¿Qué puedo hacer por los demás? ¿Qué voy a hacer por ese cliente que voy a visitar? ¿Cómo le puedo servirá millones de personas? Por todo esto les digo: *"Para ser millonario, sirve a millones con entusiasmo, con alegría, con energía; estableciendo rutinas y observando el pensamiento".* La meta es diaria, se tienen los tips para ser disciplinados teniendo el concepto básico de que el éxito es simplemente la aplicación de la disciplina ya hay unas pautas claras; con el pasar de los días se observará que es más que sencillo y fácil de realizar; continuando con el ejemplo: en este momento ya escribí mis dos páginas y realice mi contacto pero dentro de 30 días el libro va a estar impreso porque es una meta lograda porque si realizo diariamente mi plan de acción el resultado será que el libro estará impreso adicional a esto dentro de mis metas importantes esta tener un grupo al que de "Mentes Maestras" estará conformado por 90 personas y es en este momento donde cambia la meta, cambia la perspectiva y en los próximos 90 días estaré trabajando en la visión de tener un grupo de mentes maestras; es muy importante resaltar que para ser millonario y servir a millones se debe aplicar el sistema que hemos venido planteando a lo largo del libro.

CAPITULO II

❖ Visión y poder de la Mente Maestra.

La visualización a futuro, cual es la proyección; mi misión es transformación de vidas, es realmente poder tocar corazones; para hacerse millonario se debe servir a millones pero tocando corazones logrando transformarlos y dejando este mundo y hacer un mundo mejor, creando conciencia de prosperidad en cada una de las personas que se toquen, si cada una de las persona que se logra transformar lo realizan de misma manera y con la misma intención, generando un poder para tocar el corazón y crear conciencia de prosperidad, de igual manera que todos trabajen por un mismo objetivo; un

concepto que vale la pena trabajar dentro de

mi grupo de mentes maestras es: *"transformar, ayudar y tocar corazones"*, un ejemplo a nivel personal es: María Imelda en los próximos 3 años tocará 90 corazones, transformando la vida de 90 personas; le hablé a 900 y de esos mil logre transformar y con los que pude hablar personalmente 800 y les ayudé a que lograrán sus metas; porque no estaban listos y aplicando la parábola del sembrador se lo llevaron los pájaros, coseché en tierra árida o simplemente no hubo respuesta; ahora bien de las primeras 90 personas a las que les ayudé a transformar su vida, en los próximos 3 años la meta es lograr clonarme en ellas de tal manera que pueda llegar en su mente subconsciente y crear la necesidad de transformar la vida de otros, de tocar corazones y de que apliquen la visión del grupo, con el fin de multiplicar el trabajo formando una cadena conseguir la meta propuesta de tocar 900 corazones transformados con un mismo poder y con la misma energía de forma que estos 900 que ya tienen un propósito claro tocarán otras 900 personas y así sucesivamente obtener el poder de hasta lograr tener 1´000.000 llegando a la Mente Maestra para poder iluminar con luz propia " *Si en cada uno de tus días formas un rayo de luz, al final de tu vida habrás iluminado el mundo"(Tecla Merlo);* para lograr esto se necesita detectar realmente el problema que tiene la gente y poderla ayudar.

✓ *Tips para lograr una actitud Positiva.*

Tener una actitud mental positiva, es el estar empoderado; todos los días se debe generar una misión, estableciendo rutinas diarias. Para obtener una actitud positiva brindo los siguientes principios.

✓ **Decir siempre lo positivo:** Se debe realizar una programación y decirse cosas positivas con el fin de utilizar el poder de la palabra y ver los resultados esperados, que cuando lo vean a uno lo relacionen, ejemplo: Viene la persona que me va a alegrar la vida, que me va a decir que linda estas, que me brinda una voz de aliento.

✓ **Ver y buscar lo bueno en todas las situaciones:** Ver todo lo bueno que hay en la vida ejemplo: Cuando tenemos un vaso de cristal medio, no es verlo medio vacío sino medio lleno.

✓ **Ser agradecido:** Hacer una lista de agradecimientos porque para tener una actitud mental positiva se debe ver lo positivo que nos ofrece la vida y se agradecido, agradecer por se durmió bien, se tiene una casa, una cama, un esposo, un hijo, que tengo todas las

bendiciones y que a pesar de las circunstancias todo está a mi favor y lo

puedo desarrollar, *"Busca lo bueno y lo*

hallarás, busca lo positivo y lo hallarás", "El que busca encuentra" si el enfoque está en buscar lo positivo siempre se encontrará

Y el agradecimiento es uno de los principios básicos para generar una actitud mental positiva si no se logra no va haber abundancia, no hay riqueza.

✓ **Sentirse el creador y dueño de toda idea o proyecto:** Cuando se esté realizando este proceso de transformación por medio de alguna herramienta, de un instrumento, de un material, de una compañía o de un producto es recomendable apropiarse como si se fuese el creador del proyecto generando sentido de pertenencia por que cuando se es empleado solo se en que su salario mensual llegue, para ser millonario y servir a millones no se puede sentir ni pensar como empleado,
Es cambiar el chip pensar y sentir como empresario, como gerente, como creador del proyecto y de la idea.

✓ **Acción:** Tomar acción inmediata, ejemplo: El escribir este libro para mí no ha sido muy fácil, tengo muchos proyectos a la vez pero debo tomar acción ahora, es el hacerlo ahora, concluir los temas el terminar es un principio básico para lograr lo que uno quiere en la vida, es por día colocarme unas tareas, escribirlas, cumplirlas y terminarlas; al otro día si no las terminé retomo las que me quedaron faltando y puede ser que en una semana no efectúe los 10 proyectos que tengo pero por lo menos en una semana escribo un capítulo o una hoja, la idea es terminarlo, concluirlo porque esto hace que vayamos a la velocidad de la luz porque con la acción es que realmente se logra obtener los resultados no es pensando es tomando acción.

✓ Activar cualquier idea positiva para ello recomiendo tener un cuaderno o una agenda, ejemplo: personalmente durante la semana cuando no estoy escribiendo un libro se me vienen ideas al pensamiento y las escribo así sean ideas aisladas, frases, cosas que leo en algún libro porque la lectura sirve mucho y si leo un libro escribo una frase que me impacte, si voy a un seminario escribo esa experiencia y ya cuando me siento a escribir tengo a la mano mi cuaderno de notas y el libro está prácticamente escrito en el tiempo que no estás escribiendo por esta razón recomiendo tener siempre a mano un cuaderno o una agenda porque cada idea que se tiene es una idea millonaria y se le debe dar valor realmente a esa idea, y es en este preciso momento donde se comienza a trabajar con la intuición, muchas veces uno dice es que no se me ocurre nada, no sé cómo hacer dinero; el dinero está en las ideas y si se escriben son millonarias y se pueden poner al servicio de ese millón de personas instantáneamente se estará generando riqueza; la invitación es a tomar acción y escribir ahora, luego se genera un espacio para resumir esas ideas en un libro y pensar ¿Cuántos libros se pueden escribir en un año? De esta manera les hago extensiva la invitación a escribir su propio libro recordándoles que *"Los mejores libros aún no se han escrito"*.

✓ **Ver posibilidades**: Practicar que existen muchas probabilidades cada situación es una oportunidad, lo que más detiene a las personas al iniciar un proyecto siempre es la parte monetaria, ese es el pero que siempre encuentran aduciendo: no tengo dinero, como lo voy a hacer, no veo posibilidades de conseguir el dinero y emprender, el proyecto me cuesta $1000 dólares, el transporte $500 y de donde voy a sacar

el dinero y excusas así...es más comparto un ejemplo personal, en este momento estoy escribiendo este libro y voy a asistir a un evento y siendo muy racionales el escribir un libro no genera ingresos pero no se deben cerrar la mente y decir estoy escribiendo y nadie me pagar esto; no escribir es el querer transformar vidas, el tocar corazones y querer aportar para hacer un mundo mejor a través de mi conocimiento y experiencia personal;

por lo tanto mi programación debe ir más allá de este momento donde debo mirar como generar otro tipo de ingresos, buscar posibilidades para lograr alcanzar mis metas. Ver los sueños como el futuro que realmente se quiere y sentirse el dueño de la idea es no de dejarse llevar por las situaciones que se presentan en el momento, luchando por él y llevarlo a un felíz término; se debe tener disciplina para poder reaccionar recuerden que la disciplina es indispensable para todo recuerden *"Todos tenemos sueños pero para que se realicen se necesita una gran determinación, dedicación, autodisciplina y esfuerzo"*. De esta manera se puede mantener siempre el entusiasmo así que la invitación es aplicar a diario estos tips, es el incorporar un nuevo comportamiento para ser millonario y servir a millones se debe tener una cualidad que es la de tener una actitud mental positiva; con malgenio, pereza, aburrimiento, crítica, juzgando no se le llega a nadie; por lo tanto la primera transformación es la personal haciendo énfasis en Invierte en ti, tú eres el mejor

activo para lograr tener una actitud mental positiva.

CAPITULO III

❖ Plan de Acción con Pensamiento Estratégico.

Para tener un plan de acción con pensamiento estratégico y poder servir a millones se deben trabajar 4 partes fundamentales:

1. Autoconocimiento.

2. Liderazgo.

3. El poder querer

4. Tener en cuenta que estamos en un mundo globalizado.

1. **Autoconocimiento.**

Aplicar la serie de las cinco claves "Invierte en ti, tú eres el mejor activo", para conocerse, conocer el mundo interior y para saber realmente cuales son las cosas que limitan, porque todas las creencias que se traen, las limitaciones que se tienen, lo que verdaderamente lo aleja a uno de ser millonario es un pensamiento, por lo tanto si hay autoconocimiento, si se sabe exactamente que es y cuales son las falsas creencias que se traen y luego se activa se logran los resultados esperados. Ejemplo personal: En este momento me encuentro escribiendo este libro y quiero escribir dos libros por mes pero mi mente dice que es algo imposible y comienzo a pensar... a que hora voy a escribir con todo lo que tengo proyectado para hacer, de donde voy a sacar la información, que no puedo, es que no tengo tiempo y aquí es donde aparecen

la infinidad de excusas, me estoy limitando

pero como tengo un autoconocimiento; entonces de acuerdo a este ejemplo deduce quien es quien dice y se limita solo, pues uno mismo, nadie me lo está diciendo es simple la predisposición que se presenta por la falta de autoconocimiento, porque lo único que limita a una persona a lograr lo que se quiere es el propio pensamiento y es al pensamiento precisamente al que se le debe prestar mucha atención; para lograr el autoconocimiento aconsejo: Siempre pedir ayuda y siempre tener un mentor, con el fin de que el mentor o ese guía ayude a superar estos obstáculos porque se puede presentar y que uno no sabe cómo hacer pero el mentor si, el mentor si ve esa persona en la que uno se quiere convertir y en ese millonario que quieres ser, al aceptar esa ayuda y al permitir sea guiado; analicemos como he hecho para escribir 2 libros por mes, tener el negocio de las conferencias internacionales, leer libros por mes, tener un grupo de Mentes maestras de ser saludable y felíz, tener un sistema de capacitación continua tantas cosas a la vez sin perder el enfoque y obtener lo resultados que quiero tener y eso se debe a que siempre tengo un Coach o un mentor que están viendo por donde debo pisar, es como cuando uno va a pasar por una calle y está lloviendo fuerte y la otra persona sabe realmente donde están los huecos, o los pozos y está pendiente a que no caiga en ellos guiándome para que pise bien y no me vaya a caer, permitiéndole que me conduzca por el mejor camino para salir avante; ese mismo autoconocimiento que tengo como ser humano y conocer mis limitantes genera la posibilidad de ir avanzando y poder pasar al otro nivel es el que voy a transmitir a mi grupo o a las personas que quiero ayudar, porque a la vez fui guiada y fui una persona que recibí instrucciones de igual manera las personas a las que voy a ayudar deben poseer esas mismas cualidades, como ya viví ese proceso de autoconocimiento, puedo ayudar y ser también Coach o mentora de esas 99 personas que quiero apoyar por lo tanto para ser millonario y servir a millones debo ayudarle a ese 1´000.000 de personas o a esas 99 personas que tengan autoconocimiento y descubran esas cualidades que es su momento tuve que descubrir y reconocer para lograr pasar al otro nivel. Luego de conocerse, saber y romper con todas esos limitantes gracias a las personas que apoyan y ayudan viene el paso de liderazgo.

2. Liderazgo.

Porque para ser millonario y servir a millones se debe ser un líder con el fin de ayudar y apoyar a otros.

*Líder: Es persona que actúa como guía o es jefe de un grupo, para que su liderazgo sea efectivo el resto de los integrantes

deben reconocer sus capacidades, tiene la capacidad de influir en las otras personas, su conducta sus palabras logran incentivara que todos trabajen en equipo en busca de un objetivo; ejemplo: necesito un líder dentro de este equipo; todos pusimos de nuestra parte para ganar pero debemos reconocerlo que no lo habríamos logrado sin nuestro líder.

El liderazgo es el conjunto de habilidades gerenciales o directivas que tiene un individuo para influir en la forma de ser de las personas o de un grupo de personas determinado, haciendo que este equipo trabaje con entusiasmo con logro de metas y de objetivos; también como la capacidad de tomar la iniciativa, gestionar, convocar, promover, incentivar, motivar y evaluar a un grupo o equipo.

Para poder hacer, incentivar y promover a que otras personas también tengan la misión de transformar vidas, tocar corazones, crear conciencia de prosperidad, hacer que el dinero trabaje para ellos y lograr que esa idea se transforme en un legado. Ejemplo claro: Lo que busco es que a las personas que toque logren sus metas, sus objetivos, puedan tener un estilo de vida y una calidad de vida ejemplar pero para ello debo motivarlas y dirigirlas; para lograr esto debo convertirme en un líder por lo tanto si quiero que esto mismo se replique debo motivar las personas, dirigirlas y para lograr esto me debo convertir en una líder, por lo tanto como quiero que se siga replicando estas personas a su vez deben convertirse en lideres lo que quiere decir que en los próximos 10 años habrán 10.000 lideres dentro de mi red de mentes maestras. En ese proceso y en ese caminar de tener liderazgo y de querer influir en las personas para hacer que ellos logren su propósito, hay una fuerza supremamente necesaria y es con la ayuda de Dios pues él quien debe estar en todo momento, porque si se analiza la misión en la vida solo coloca solo Dios, dado que él es quien proporciona todos los talentos y se debe saber que se debe asumir un liderazgo y no se cumple con la finalidad; al tener el autoconocimiento, el liderazgo y todas las cualidades *"Dios escoge a las personas con las que se va a entrar en contacto para amarlas, para servirlas y por eso se atraen mutuamente"*. Cuando se quiere ejercer el liderazgo realmente, no se debe ver a la persona por lo que es en el momento si se quiere servir a millones no se deben por lo que son en el momento en el ahora sino porque que se ve que pueden llegar a ser. Ejemplo: Hay personas que se echan a morir porque están sin trabajo y sin un peso, pero tiene talento, y su líder le ve en él su potencial y lo ánima elevando su autoestima diciéndole que no se puede tirar al piso con ese talento millonario en potencia y no es por lo que es hoy, es por lo que puede llegar a ser. *"Nunca veas a una persona por lo que es sino por lo que puede llegar a ser ayudándolo a desarrollar su máximo potencial"*

➢ 3 pasos para desarrollar el liderazgo utilizando las mentes maestras.

1. Tener en cuenta a Dios, siempre existe una fuerza externa, aquí no estamos por casualidad sino por causalidad y todo tiene una misión y un propósito."Dios bendice todos los pasos, no es lo que te sucede sino es el cómo se reacciona, es lo que verdaderamente cuenta".

2. Usar, vivir, vestir, sentir todo lo que estas recomendando; todo se debe hacer con conocimiento de causa; si estoy escribiendo un libro es porque lo vivo o lo viví , si bajé de peso o recomiendo un producto es porque lo consumí y encontré beneficios por eso los comparto

se convertiría en un desperdicio el no recomendarlos, de esa manera no vendo y aboliría ese pensamiento de todos que les quiero vender, lo que quiero es que las personas obtengan los mismos resultados que obtuve en su momento y darle un gran valor a la vida transformarla y hacer que muchas personas tengan continuamente una vida en abundancia y esto hila perfectamente con mi misión "Vinimos *a esta vida a ser felices y a vivir en abundancia"*.

3. Darle seguimiento al ayudar a alguien para pasar de la sombra a la luz; realmente no se hace nada si se brinda una transformación y no se realiza seguimiento a las personas que se les toca el corazón, es el estar en contacto permanente con las personas, para esto hay sin numero de herramientas gracias a la ayuda tecnológica; con el fin de

pasar a este grupo de personas de la sombra a luz porque aún no tiene el conocimiento necesario y a su vez solucionar dudas, transmitir conocimientos, realizar capacitaciones; durante el trayecto que se va realizando con las personas se realiza un seguimiento para lograr la transformación de vidas *"La repetición es la madre del aprendizaje y el padre de la acción, lo que te convierte en el arquitecto de tus logros y de tu liderazgo y convertirse* en un verdadero líder y para ello debe ayudar y servirle a muchos teniendo la grandeza del liderazgo porque el servir a muchos lleva a la grandeza y la grandeza es ayudar pagar la cuenta de otros.

CAPITULO IV

❖ Mentalidad con Pensamiento Estratégico Para lograr la Libertad financiera.

Para generar una mentalidad pensamiento estratégico y lograr una libertad financiera brindaré unos consejos:

---

a. *Ayudar a las personas*

Para poder ayudar a las personas a pagar sus deudas tanto ellas como los lideres deben tener un compromiso *"La gente rica se compromete seriamente a ser rica, a tener unos cambios y a generar soluciones"*, al igual que en su momento Se siguieron unos pasos guiados por el líder las personas que inician su proceso también deben seguirlos porque si no lo hacen se va a romper el esquema, cuando se está realmente comprometido se le da el valor a las cosas, se está dispuesto a dejarse enseñar y a lograr los propósitos y se hace lo que se debe hacer, es cuando Dios dice "ve", en este momento ocurren los milagros, se caen las barreras, se conquistan las montañas, desaparecen los problemas y los dolores de cabeza, con el amor y disposición de hacer las cosas es que realmente se realizan.

b. Tener amor y disposición.

Se debe tener amor y disposición para ser un buen aprendiz y de esta manera poder evolucionar porque toda persona que se encuentra en este proceso lo está haciendo para evolucionar, se elevan las energías de las personas porque si hay compromiso de parte del líder y los aprendices se eleva la energía, el pensamiento para luego entrar a que haya una alineación entre los dos propósitos y por ende lograr ser seres felices, disfrutar de una vida con abundancia haciendo que otros también puedan transformar su vida y vivir continuamente con calidad de vida.

c. Cambiar el no puedo por el no quiero.

Cuando se dice no puedo hay una limitación y cuando se dice no quiero, simplemente hay unas razones que se pueden derrotar, que se pueden cambiar por lo tanto para cambiar esto debe tener un compromiso consigo mismo para seguir instrucciones, porque para alcanzar lo propósitos es simplemente dejarse guiar de ahí el siguiente paso es pasar a tomar acción, para ello se debe tener en cuenta en donde estamos parados y el mundo en el que vivimos hoy.

c. *Globalización.*

Estamos en un mudo donde la tecnología está avanzando y la globalización entre los países y los seres humanos ha enriquecido

El cerebro, es decir ya no estamos solos, ejemplo en este momento estoy escribiendo mi libro y tengo a mi editora en frente y está en Colombia para ser más precisos en Bogotá, entonces para mí no era lo mismo sentarme a escribir una hoja, sin hilar los pensamientos y sin coordinarlos que el tener al frente una persona que me está ayudando a coordinar ideas utilizando las herramientas técnicas, de esta manera se debe tener en cuenta en que parte de del mundo y de la historia nos encontramos, para ser millonarios y servir a millones, tener una conciencia de prosperidad y hacer que el dinero trabaje para uno es necesario tener en cuenta que existe una tecnología que está avanzando a pasos agigantados y se enriquece para utilizar todas las herramientas posibles que se brindan *"Tener un interés genuino en los demás es una cualidad grande en este momento de la historia".* Los grandes conocimientos que se tienen como liderar, transformar, enseñar como aprender a vivir la vida para ser felíz y vivir en abundancia dado que mi propósito es que seamos seres felices que vivamos en abundancia con todas las bendiciones que tenemos pero para lograr esto se deben aplicar todos los pasos que están en el libro y realizar un cambio a millones de personas. Todo lo que se está haciendo aquí es transformando vidas y utilizando todas las herramientas técnicas, porque no necesariamente se pueden transformar vidas a nivel de territorio físico sino que se puede realizar utilizando las herramientas que se tienen al alcance de la mano como las virtuales, mercadeo en red, internet, las redes sociales, que van a servir para tocar corazones de muchas personas y transformarles la vida a pesar de que se encuentren a kilómetros o a millas; debemos aprender a ser realmente efectivos, con el tiempo aprender a tener efectividad en todo lo que nosotros hagamos, imagina como será la vida ganando el doble del dinero trabajando solo con las habilidades y talentos que se tienen muy seguramente no se retrocederá a ser empleado, teniendo en cuenta en este momento como está la economía ya no hay forma de conseguir un trabajo fijo, el sistema está cambiando cada vez hay menos trabajos hay menos posibilidades más máquinas que están reemplazando al hombre por lo tanto se debe cambiar la mentalidad de un trabajo fijo y de un ingreso para poder transformar y poder trabajar en equipo, es decir, el cambio que se debe realizar debe ser de corazón, de transformar vidas y de liderar eh ahí la importancia del sistema de capacitación continua que tengo; la globalización nos lleva a redes de mercadeo, por ende el cambio debe ser radical de estructura para ser millonario sirve a millones porque ya no hay de otra, es la misma globalización está presentando su nueva tendencia que es de redes de mercadeo; las empresas se están dando cuenta realmente que no es rentable mantener empleados, dado que los empleados tienen una individualidad y lo único que le interesa y lo mueve es el salario, no le interesa capacitar a otros porque dicen: "vine fue por lo mío" la mentalidad del empleado es egoísta y es una carga salarial porque a los empleados se le debe pagar por horas; si para los próximos cinco años las personas no tienen un sistema de capacitación continua de lectura de libros, de autoconocimiento, de liderazgo, de comprensión, administración y mentalidad para el éxito financiero no podrá tener en su mente ser millonario, ni siquiera llegará a pensar serlo porque no tiene ninguno de los pasos básicos para lograr la libertad financiera y está fuera de un contexto global; por lo tanto recomiendo que te preguntes: Si lo que estás haciendo hoy te acerca a lo que quieres ser mañana, teniendo en cuenta el cambio económico que hay en este momento dado que las empresas dejarán de ser de empleados y se trabajará con personas donde se tendrá que ejercer el liderazgo y el servir a los demás todo esto por medio de la lectura de libros por ello quiero aportar al escribir este libro sembrando una semilla de que el propósito en la vida es el reinventarse, el redescubrirse y que se pueda "Invertir en ti, tú eres el mejor activo".

6. SOBRE LA AUTORA

Sobre Tu Coach, María Imelda Cardona

María Imelda Cardona, Escritora, Contadora Publica, Especialista en finanzas personales con PNL, Trader y experta en inversiones en la bolsa de valores de USA, Emprendedora comprometida con tu éxito.

Soy Coach Financiero y dicto cursos sobre cómo invertir en la bolsa de valores de los EE.UU.

Misión: Inspirar a mis alumnos a crear una nueva consciencia de prosperidad y haciendo que se conviertan en inversionistas de ellos mismos, para que creen riqueza y un futuro a prueba de crisis, logrando que el dinero trabaje para ellos.

Su historia es admirable: Criada en Colombia, creció dentro de una familia humilde y sus padres con mucho amor y esfuerzo le dieron el estudio de Contadora Publica, emigro a los EE.UU.

Abandonando toda su familia, sus títulos su trabajo para hacerse cargo de su hijo Santiago Restrepo porque su misión como mama era muy importante, empezando de cero en los EE.UU. le toco hacer trabajos de limpieza, y empezar de nuevo.

María Imelda dejo de vivir una vida de excusas, empezó a construir su vida en los EE.UU. y a construir riqueza, pero siempre sus patrones del dinero la hacían llegar a la bancarrota, llegando a si a 9 bancarrotas, esto le empezó a preocupar y se volvió inversionista de ella misma, experta en conocerse a sí misma encontró 5 pasos que la llevaron a tener libertad financiera, diciéndole al mundo que si se puede ser exitoso sin importar el pasado.

Es su espíritu luchador, su inigualable energía positiva sus sueños y su inmenso deseo de verte triunfar lo que la levanta todos los días a trabajar para que seas el líder que fuiste llamado a ser.

Misión: Despertar en ti la consciencia de prosperidad para que el dinero trabaje para ti.

Creo que la verdadera riqueza esta en nosotros mismos, la mejor inversión eres tú, tu eres el mejor activo, venimos a este mundo a ser felices, a disfrutar de la vida con abundancia."

María Imelda Cardona

Presento lista de mis libros; los puedes buscar en amazon.com

Invierte en ti, TU eres el mejor Activo
Serie de 5 Libros

Libro # 1

Invierte en ti, TU Eres el mejor Activo: Clave 1 Pensamiento Cual Es Tu Nivel de Creencias Acerca Del Dinero
Libro Clave 1: ISBN-10: 1499221622
ISBN-13: 978-1499221626
http://amzn.com/B00PKPTIZI

Libro #2

Invierte en ti, TU Eres el mejor Activo: Clave 2 Sentimiento Cual Es Tu Sentimiento Con Respecto Al Dinero
Libro Clave 2: **ISBN 978-1500572099**
ISBN 1500572098
http://amzn.com/B00NYM1JM4

Libro # 3

Invierte en ti, Tu eres el mejor Activo: Clave 3 Hábitos Comprometerse Con El Aprendizaje Y El Crecimiento De Toda La Vida

Libro Clave 3: ISBN -13:978-1503087101 **ISBN-10:1503087107**

http://amzn.com/B00PMCL4VU

Libro # 4

Invierte en ti, TU eres el mejor Activo: Clave 4: Acción Establecer Un Presupuesto Mensual

Libro Clave 4: **ISBN-13:978-1503275256 ISBN-10:1503275256**

http://amzn.com/B00RB23ON0

Libro # 5

Invierte en ti, TU eres el mejor Activo: Clave 5: Resultados Descubrir y Seguir Su Pasión Con Una Nueva Conciencia De Prosperidad

Libro Clave 5: ISBN-**13:978-1507689349 ISBN-10:1507689349**

"Como Lograr Tus Metas Financieras Efectivamente
Y Hacer Tus Sueños Realidad"
ISBN-13:978-1507537268
ISBN-10:1507537263
Kindle
http://amzn.com/B00SS0XZU6
Paperback
http://amzn.com/1507537263

"Una Crisis Financiera Mundial Es La MEJOR
Bendición"
ISBN-13:978-1507689752
ISBN-10:1507689756

SI DESEAS UNA SESION DE COACHING 1 A 1 CONTACTEME:

SKYPE simpleoptionst1

TELEFONO. 201-491-4629 en New Jersey – USA

CONECTEMOS EN REDES SOCIALES

WEB:
http://mariaimeldacardona.com/

TWITTER:
https://twitter.com/Simpleot

FACEBOOK:
https://www.facebook.com/Mariaimeldacard ona1

LINKEDIN:
https://www.linkedin.com/pub/maria-imelda-cardona/34/4a2/206

PINTEREST:
http://www.pinterest.com/mariaimeldacard/

YOUTUBE:

https://www.youtube.com/user/Simpleo
ptionst

GOOGLE

https://plus.google.com/u/0/10104762261
8081228049/

NOTAS...